AF525594

Ulf Annel

Kreuz & quer ged(l)acht

Rhino Westentaschen-Bibliothek
Band 58

KREUZ & QUER GELDACHT

Ulf Annel

mit Karikaturen von
Thomas Tauber

Impressum

© 2017 RHINOVERLAG Dr. Lutz Gebhardt & Söhne GmbH & Co. KG
Am Hang 27, 98693 Ilmenau
Tel.: 03677/46628-0,
Fax: 03677/46628-80
www.RhinoVerlag.de

Karikaturen: Thomas Tauber
Layout, Satz: Werbepunkt Ute Schmidt, Geraberg
Schrift: Comic Sans MS
Titelgestaltung: Jana Rogge, Weimar

2. Auflage 2023
ISBN: 978-3-95560-058-7

INHALT

Alles auf Anfang

Wie ähnlich

Auf dem Komposthaufen
Kürbis gut gerät,
doch die größten Köpfe sind
hohl und aufgebläht.

Wer als Kind mit dem **Klammersack** gepudert wurde, guckt zeitlebens dumm aus der Wäsche.

Leben: Schon auf dem Rand der Babywiege hockt der Aasgeier.

Ein Brett vor dem Kopf erleichtert das Gehen auf dem Holzweg.

Einzigkeit macht stark.

Wer sich immer ins Hemd macht, ist beschissen dran.

»Überzeugungen ausprägen? Man prägt Geld.«

Lebenserfahrung

Wahrheit sagen
ist nicht schwer.
Folgen tragen
umso mehr.

Dem Menschen wird der Lernprozess gemacht. Urteil: Lebenslänglich.

Kommt immer als Erster aus dem Mustopf: der Primus.

Wer keinen Arsch in der Hose hat, kann sich nicht durchsetzen.

Früh krümmt sich, was ein Widerhäkchen werden will.

Mit Härte erzogene Kinder schlagen eines Tages über die Strenge.

»Wer sich immer bückt, kann nicht aufrichtig sein.«

Man sagte, er sei ein stilles Wasser. Dabei war er nur eine trübe Tasse.

Man kann auch Eierschalen faustdick hinter den Ohren haben.

Auch aus märchenhaft hässlichen Entleins können sagenhaft dumme Gänse werden.

Wer das Kind mit dem Bade ausschüttet, rettet es vielleicht vor dem Ertrinken.

Mann: männlich. Frau: weiblich.
Kind: nebensächlich.

WER

immer strebend sich bemüht,
den können wir erlösen –
singt der Lehrerchor.

KUCKUCK!
HIER IST DAS
VÖGELCHEN!

Wer in der Gegenwart auf die Zukunft wartet, ist in die Vergangenheit gestartet.

Wer alles hat, dem fehlt etwas, das ihm fehlt.

Unterschied: stillsitzen – still sitzen.

Heutige Erziehungsmethode: einen Schokoriegel vorschieben.

Rolle rückwärts eckt nicht an.

Im goldenen Käfig gibt es silbernes Essen.

»Früchte des Zorns reifen aus lieblichen Blüten.«

Teufelsbraten kommen meist nicht in Teufels Küche.

Hier stehe ich,
ich kann nichts anderes.

Die wirklich
Lebendigen
sind nicht zu bändigen.

Suchet, so werdet ihr!

Fortschritt:
Gebranntes Kind schürt
das Feuer.

Wer unter Dicken lebt,
verliert die Linie.

Nomen est omen:
Kinder-Einrichtung.

Zu neuen Ufern kommt man
nicht mit **alten Booten.**

Großartig?
Groß wird nur, wer nicht artig ist.

CHEF, DIE NEUEN LEERLINGE SIND DA!

WOW!
COOLES
PIERCING!

Brennzeichen „D"

Volkswohl

Unter dem Einfluss von Alkohol geht es unserem Volke wohl.

Das Vaterland ist in Gefahr!

Das Volk ist so ruhig.

Frisch, fromm, fröhlich, frei?
Dick, dumm, dösig, deutsch!

Die Mühlen der Ebenen mahlen langsam.

»Wer gegen den Strom schwimmt, bekommt Schläge.«

Immer nur süßes Leben stößt sauer auf.

Obdachloser: Parkbankrotteur.

»Halbe Wahrheiten sind schon ganze Lügen.«

Hässliche Beschäftigung: Schönfärben.

Nur eins ist sicher: Verunsicherung.

Schlaglöcher beweisen, dass der Autofahrer noch nicht vom rechten Weg abgekommen ist.

Die nackten Tatsachen kommen daher als Wahrheit verkleidet.

Ziel: Administration.

Es ist nicht alles schwarz-rot-gold, was glänzt.

HAST DU AUCH MANCHMAL DAS GEFÜHL, IN EINER SCHEINWELT ZU LEBEN?

DER GRUND FÜR DIE STEIGENDEN ENERGIEPREISE SIND DIE STEIGENDEN ENERGIEPREISE. DAS IST DOCH GAR NICHT SO SCHWER ZU VERSTEHEN.

Amtsschimmel: Verschaukelpferd.

Vorurteile haben nachteilige Wirkungen.

Mensch nach Behördengang: abgestempelt.

Religion Unterschied: abergläubisch - abergläubig.

Demokratie macht wählerisch.

Paradox

Sie haben kein offnes Ohr für des Bürgers Beschwerde und kommen doch vor in jeder BeHÖRde.

Bürokraten halten Menschen schriftlich fest.

Polizeilicher Krisenstab:

Gummiknüppel.

Bürokratie: Mit einem Menschen umgehen, indem man ihn umgeht.

In unseren Köpfen machen sich die Tage breit und lassen wenig Platz für die zukünftigen Jahre.

In der Höhle des Löwen liegen die Knochen der Ängstlichen.

Auf Bürostühlen kann man sich gut über Menschen hinwegsetzen.

Chef
Sein Wortschatz ist klein,
wird aber reichen:
Knappe Anweisungen
mit Ausrufezeichen!

Je mehr wir erreichen, desto mehr verarmen wir.

Schlüssellochgucker sind auf einem Auge blind.

Die schweigende Mehrheit lässt sich von einer schreienden Minderheit den Mund verbieten.

Finstere Zeiten! Was man uns alles weismacht und weiß macht.

„Geschäft ist Geschäft",
sagte der Elefant
und schiss in den Porzellanladen.

Das Auge des Gesetzes hat manchmal eine Star-Erkrankung.

WENN MAN DIE WERT-
STEIGERUNG IN DEN LETZTEN
JAHREN VERGLEICHT, DANN HÄTTE ICH
MEIN GELD STATT IN AKTIEN LIEBER
IN STRASSENBAHNFAHRKARTEN
ANLEGEN SOLLEN.

Man verlange von Subjekten keine Objektivität.

Warum ist oft so wenig zu bemerken von dem, was im Wort drinsteckt: BeGEISTerung?

Unrecht Gut gedeihet, nicht!?

Der Grund seines Dickkopfes:
Er ging im achten Monat mit einem Gedanken schwanger.

Unsere aggressive Sprache:
Wir haben treffliche Ausdrucke, Stichwörter, Schlagwörter, ...

Über den Dingen zu stehen kann auch heißen, dass man nicht mehr unter Menschen kommt.

In Geldnot:
Auch du, mein Freund Brutto!?

Halbwahrheiten halten sich oft eine ganze Zeit.

Sein **Selbstwertgefühl** ist gestiegen. Er hat jetzt ein höheres Unterbewusstsein.

Volksmundsynthese:

Frisch begonnen, halb gewonnen, so zerronnen.

Mit ein bisschen Geduld kommt man auch sitzend auf einem Baum höher.

Reden ist Silber.
Schweigen ist Schwarz-Rot-Gold.

Immer drauf!

„Würden Sie das bitte",
sagte der Holzhammer,
„einmal halten.
Ich will in der Mitte
dieses Haar hier spalten."

Gutes Essen hält
Leib & Seele und
die Lippen zusammen.

Manchmal ist es schwerer, mit dem Kopf durch den Wind zu kommen.

Wenn kleine Schritte nötig sind, erweisen sich Siebenmeilenstiefel als Hemmschuhe.

Lesen & lesen lassen

Sprüche abklopfen

Alte Sprüche sind nicht
überholt und schal.
Gutes Beispiel: Wer die
Wahl hat, hat die Qual.

Kopfarbeiter:

Wissenschaftler, Frisöre, Henker.

Auf ein Wort, sagte er,
dann redete er sehr lange.

So manches Buch bräuchte
einen heißen Umschlag.

Feigenblatt: Blatt der Feigen.

Das Format einer Zeitung ist
keine Aussage darüber, von welchem
Format die Zeitung ist.

Von manchem **Blatt** kann man
sich nur wenden.

Tätigkeit voller Schmerz und Narrheit:

AuTor.

WER DAS LEAST,
IST DOOF!
NEU

Das **geduldige** Papier
lässt sich auch mit ungeduldigen
Gedanken bedrucken.

Hinter wenigen Buchrücken
zeigt sich **Rückgrat.**

Literatur ist nichts weiter als
überwundenes Analphabetentum.

Lyriker-Sodomie

Pfui, Teufel! Iii, der treibts
mit einem Tier.
Er besteigt Pferd Pegasus
und kriegt noch Geld dafür!

Wenn Lesen die Seele
zum Klingen bringt:
Buchsaiten.

»Viele Bücher
tragen zu Unrecht
einen **Titel.**«

Aphorismus:
kurz und findig.

Der Aphorismus ist
bissig, aber nie
hundsgemein.

WER schreibt, muss überlegen.
Wer überlegt,
muss nicht unbedingt schreiben.

Der Ton macht die Musik,
ein Buchstabe noch kein Buch.

Permanent wünschenswert:
Geistes Gegenwart

Wir denken mit einem Organ.
Um dieses kümmern sich viele Organe.

Gebt mir einen Stift,
und ich stifte Unruhe.

»Schlimmer die, die aus ihrem
Hirn eine Mördergrube
machen.«

Fernsehen

Ein Mann sieht fern,
sagt, das täte er gern,
weil er dann nicht sehe
den Mist in der Nähe.

Informationsflut bewirkt
Phantasie-Ebbe.

Wozu Farbfernsehen, wenn die
Weltsicht schwarz-weiß ist.

"Ich sehe ganz deutlich, dass sie sich in der nächsten Zeit über die sinnlose Ausgabe von 1000 Euro ärgern werden."

Für **ausgehungerte Köpfe**
ist alles ein gefundenes Fressen.

Man kann nicht immer zu allem schweigen.
Man muss auch mal **nichts sagen.**

Zeitungen:
Blattheiten oder Denkzettel.

Wortgefecht:
Gegen-Sätze stoßen sich ab.

Journalisten:
Eunuchen zeugen Kinder.

Medien
Zuviel Gleichheit,
zu viel Seich heut'.
Große Stummheit,
große Dummheit.

Wir
können nicht
ohne Sprache
denken.
Leider können
wir
ohne Denken
sprechen.

Erfolgsmeldungen:
Triumphrasen.

Äußerst harte Strafe für einen Dichter:

Vokalverbot.

»Die Zeiten sind finster,
aber meine Uhr hat Leuchtziffern.«

Worte
richten
wenig aus,
aber
viel an.

Gerade die verlorenen
Generationen
finden sich in der
Literatur
wieder.

Glaubensbrüder

Viele haben dran glauben müssen –
wegen ihrer Verbreitung von Wissen.

BIN
TOTAL
VERARMT

Geschlecht Geht gut?

Liebe

Liebe ist, wenn sie ihm die Haare von den Zähnen küsst.

Er ist treu.

Ein Verhältnis ginge über seine Verhältnisse.

Wen man zu Liebe verdonnert, der lässt einen abblitzen.

Er reibt sich gern auf. In ihr.

Beischlaf: auf Gegenliebe stoßen.

Liebe? Ständig wiederkehrender Irrtum, dessen Regel durch Ausnahmen bestimmt wird.

Leda wurde von Zeus SCHWANger.

Er blieb sich treu, darum nie seiner Frau.

Welcher Schalk versteckte im Wort Amoralismus den Liebesgott?

Die Frau als Haushaltsmaschine des Mannes kann sich nicht amortisieren.

»Nach einem lauten Streit kann man laut ins Bett fallen.«

Spitzbuben sind oft für ganz schön runde Angelegenheiten verantwortlich.

Sexueller Notstand: die Vorhaut zu Markte tragen.

Bei Ehestreit verliert der Sieger immer ein Stück des Verlierers.

Entjungferung: Qualifickation.

Doppelt schön

Ein Bikinioberteil
fand sich selber obergeil.
Es hatte ein erfülltes Leben.
Eben.

Spruch eines verklemmten Jünglings:

My Hose – my castle!

Manchmal ist es Liebe, wenn man sich bis aufs Hemd ausziehen lässt.

Lieber allein

Im Trend liegt
das Singlesein.
Klar, ein Unglück kommt
selten allein.

Verbesserungsvorschlag für den Duden:
FriWOHLität.

Manche Frauen zeigen auf Männersuche
GeldSackGesinnung.

Er sprach mit ihr von Angesicht
zu Maske.

»Treue im Alter
ist Gewöhnung an gutes Essen.«

Er ging mit ihr durch dick und doof.

Er ging zu weit. Sie ließ in sitzen.
Nun ist er alleinstehend.

Lückenbüßer

Der Ehemann winkt Abschied,
sie sieht ihn noch mal grüßen.
In der entstand'nen Lücke wird
der Nachbar gerne büßen.

Sie schloss ihn in ihr Herz.
Und warf den Schlüssel weg.

Als sich ihre Körper berührten, merkten sie, dass ihr Blickkontakt enger war.

Aufruf zum Fremdgehen:
Liebet eure Nächsten!

»Treue bedeutet nicht, immer dazubleiben, sondern immer wiederzukommen.«

Kann ja sein, dass es freie Liebe gibt, aber Liebe macht nicht frei.

Er gab ihr sein Wort. Er hatte nur eins.

Von manchen Frauen kennt man nur Schamlippenbekenntnisse.

Seins ficktschn: Selbstbefriedigung.

Er steht auf ihrer Seite.
Das tut ihr weh.

Liebe:

Ausbeutung des Menschen
durch den Menschen
zum gegenseitigen
Vorteil.

Verhütung

Alle wollen's haben:
In den Betten laben.
Doch der Gummi macht
Sicherer den Akt.

Mit seinem Pfund Samen
kann man(n) schon wuchern.

»Bruder Lustig hat
traurige Schwestern.«

Stehaufmännchen

sind oft weiblich.

Erst ungestillte Liebe,
dann das Ungeliebte stillen.

Nymphomanin:

eine Männerschlange an
ihrem Busen nähren.

DIE AKTUELLE GEFÜHLSLAGE: EIN TIEF SETZT SICH DURCH. VERBREITET BESTEHT ERHÖHTE NACHTFRUST-GEFAHR …
03:05

PRAKTISCH: FRAUENPARKPLÄTZE

Er hat sein Glück gefunden.
Jetzt sehnt er sich nach etwas
Unglück.

Nichts Menschliches
ist uns fremd – aber immer
noch das Natürliche.

Jungfernschaft

wird abgeschafft, wenn's
ein Junge mit seinem Schaft
in die Jungfer schafft.

Sieben Zwerge!?

Trotzdem nahm Schneewittchen
den Prinzen.

»Gerade aneinander
kann man gut geraten.«

Sammelpunkte

Wo Aas ist, sammeln sich Geier.
Wo eine reiche Witwe, Freier.

Unterschied:

Er hat viel hinter sich –
er hat viele hinter sich.

Kabarette sich, wer kann!

Satire

Im Wein liegt Wahrheit.
Aber sie oder ihn
durch den Kakao ziehn,
schafft Klarheit.

Ein Narr sitzt:
LachHaft.

Der menschliche Arm hat
27 Freiheitsgrade.
Und das Gehirn?

Kabarett: Scheuersand
in die Augen streuen.

Spitze Bemerkungen
allein sind auf die Dauer
stumpfsinnig.

FKK? FreiKopfKultur?

In Gesellschaft lacht man anders.

Gutes Kabarett:
erst Schenkelklopfen, dann Herzklopfen.

202
PERSONAL-
BÜRO
GUTEN TAG!
HABEN BEI IHNEN AUCH
QUEREINSTEIGER
EINE CHANCE?

Für Vorsichtige:
Auf Messers Scheide stehen.

Nicht in allem, was madig gemacht wird, steckt der Wurm drin.

Satirische Kleinkunst:
Ernst mit Humor.

Worüber man sich alles
ärgern müsste.
Aber dann bleibt keine Zeit,
sich zu freuen.

»Wer auf dem hohen Ross sitzt,
kann keinen aus dem Sattel heben.«

Humoristen-Biografie

Spermaschlängler
Heilrausdrängler
Hosenscheißer
Possenreißer
Rampensau
Eitler Pfau
Couchkartoffel
Ganztagsstoffel
Zitteralt
Urneninhalt

König der Comedians

Jeden Abend wirft er arrogant aufs Neue seine Perlen aus der Krone vor die Säue.

Es ist noch blöder, **Perlen** vor die Rindviecher zu werfen.

»Eulenspiegel mit blindem Spiegel macht sich zum Hanswurst.«

Kunst: Mit Ausnahmeeinfällen hat man keinen Einnahmeausfall.

Manche stellen sich auf den Kopf, damit die Mundwinkel nach oben zeigen.

Unterschied: Wahrsagen – wahr sagen.

Schlechtes Kabarett hat hohe

Wirkzahmzeit.

KaBARett: wenn's nur lachtrunken macht.

GARTENMÖBELCENTER
ICH BIN SOZUSAGEN AUF DER SUCHE NACH DER BANK MEINES VER-TRAUENS.

Vorbereitet sein

Ein Rückschlag trifft
den klugen Schelm – am Helm!

Alles runterschlucken macht

Kopfschmerzen.

AnstrebensWert

Gutes Kabarett ist,
so will mir scheinen:
Unter Tränen lachen,
hinterm Lachen weinen.

Von Marx und Engels kann man lernen.
Aber auch von Max und Moritz.

Manche lassen sich teeren, um sich mit **fremden Federn** zu schmücken.

Man muss ja nicht gleich das Handtuch werfen, wenn man jemandem das Wasser nicht reichen kann.

Er ist **handzahm**. Er frisst sich dauernd aus der eigenen Hand.

»Vor den Erfolg haben die Spötter den **Steißtritt** gesetzt.«

WIE SOLL MAN ÜBER SEINEN EIGENEN SCHATTEN SPRINGEN, WENN MAN VÖLLIG IM DUNKELN TAPPT?
TL

MonArsch & PoLitiker

Ohne Schweiß kein Preis

Der Wolf im Schafspelz schwitzt,
doch die Vermummung nützt.

Leute, die sich zurückhalten, kommen manchmal erstaunlich schnell vorwärts.

Ein bürgernaher Politiker.

Ganz ran traut er sich nicht.

Wenn die
Marionette
einen Faden zu fassen
kriegt, meint sie,
sie könne den
Puppenspieler fesseln.

Moralist:
Moral ist.

Sie verlor ihr Gesicht.
Aber sie hatte ihre Kosmetikbox dabei.

Er erschrak, was er sah,
als er erstmals seine
Verantwortung wahrnahm.

Nur wer für eine Sache brennt,
geht für sie durchs Feuer.

Leute mit gutem Ruf
sind selten große Schreier.

Wenn einer zu sehr Oberwasser kriegt, ertrinken andere.

Macht ist keine,
wenn keiner mitmacht.

Unsere Regierung besteht
aus Feinschmeckern.
Sie genießen unser Vertrauen.

Wahrhaft starke Männer
können sich beherrschen.

Hasen denken das Wort anders:
Diplomaten-Jagd.

ICH WUSSTE NOCH GAR NICHT, DASS UNSERE FRAKTION JETZT AUCH EINE DOPPELSPITZE HAT.

Despot: Wenn er den Leuten ihre Wünsche nicht mehr abschlagen kann, lässt er ihnen die Köpfe abschlagen.

Er wollte ihm mal auf die Füße treten, traf aber die Hände. Kriecherpech!

Er hatte die Schnauze voll. Aber mit vollem Mund redet man ja nicht.

Sein Standpunkt, das war der springende Punkt bei ihm.

Wie manche Menschen hochgekommen sind, da kann es einem hochkommen.

Allzeit richtige Einschätzung: Monarsch.

Kriecher: zu Stuhle kommen.

Meist stolpern die mit allen Hunden Gehetzten über eine Schnecke.

Populisten sind Provogandisten.

Karriere

Es wächst der Mensch
mit seinen größern Zwecken.
Es wächst die Zunge
beim Nach-oben-Lecken.

Paradox: Die immer sehen, wo sie bleiben, kommen vorwärts.

Manch altes Geschichtsbuch:
Lumpen-Sammlung.

Wenn einer zu fest im Sattel sitzt,
muss man vielleicht
sein Pferd erschießen.

»Er **kroch** seinem Chef in den Hintern und **sägte** an dessen Stuhl.«

Wer ins **Schlaraffenland** will, muss sich durchbeißen.

LOS! GEBEN SIE ORDENTLICH GAS! VIELLEICHT KÖNNEN WIR DER KLIMAKATASTROPHE DOCH NOCH ENT-KOMMEN.

Das kleinere Übel?
Dem kleinen Mann wird übel.

Er ist nicht mein Feind.
Ich kann nur seine
Freunde nicht leiden.

Unterschied:
Dunkelmänner - Dünkelmänner - Dinkelmänner

Der bestgehasste Mann?
Immerhin der Beste.

Hinterwäldler schießen
ihre Böcke mit Vorderladern.

Er ging immer den Weg
des geringsten Widerstandes.
An einer Kreuzung
wusste er nicht, wohin.

Sich raushalten
ist auch eine Haltung.

Auch militante Nichtraucher rauchen gern Friedenspfeife.

Den Linientreuen wird selbst in scharfen Kurven nicht schlecht.

Er ist frei von Vorurteilen, aber voll fertiger Urteile.

Das liebe Geld treibt oft böse Blüten.

Manchmal ist ein Standpunkt ein Wunder, manchmal ein wunder.

Arschkriecher: PoMade.

Es schoss ihm ein Gedanke durch den Kopf. Danach stellte er sich tot.

Großer Unterschied:
für die Sache sterben –
für die Sachen sterben.

Die nackte Wahrheit bekommt immer ein Feigenblatt.

Manche wollen ihre Meinung nur auf einem goldenen Tablett vortragen.

WAS? JETZT IST DOCH WIEDER GAMMELFLEISCH AUFGETAUCHT? ICH DACHTE, DAS PROBLEM WÄRE SCHON LÄNGST GEGESSEN...

Verdient
Er ist zusammengebrochen:
Links, wo das Herz ist,
wurde ein Orden hineingestochen.

Neue Besen bekehren besser.

Alte **Hasen** sind meist auch schlaue **Füchse**.

»Hoher Besuch bewirkt oft tiefe Erniedrigungen.«

Wenn Unwissenheit prahlt,
reißt Dummheit das Maul auf.

Darf ich? – Die ewige Frage der Zweitplatzierten.

Es gibt Leute, die haben viele weiße Flecken auf ihrer weißen Weste.

Politische Erotik: **Festakt**.

Revolution: die Unteren zuoberst kehren.

Weglaufen ist manchmal Fortschritt: Vornweglaufen.

Werden bei einem Meinungsaustausch die Meinungen wirklich ausgetauscht?

Leute, die ihrer Zeit voraus sind, haben oft das Nachsehen.

Das Denken gehört zu den größten Begnügungen der menschlichen Rasse.

»Prinzipienreiter zeigen sich auf Schaukelpferden erstaunlich sattelfest.«

Ein letztes Mal kam er mit dem Arsch an die Wand. Dann Salve!

Er änderte sein Leben von Grund auf. Er tauchte ab.

Er hat das Zeug zu etwas Großem. Er hat Geld.

Ein glänzender Rhetoriker: Er stellt nur Fragen.

SEIN THERAPEUT HAT IHM GERATEN, SICH ÖFTERS MAL UNTER LEUTE ZU BEGEBEN.
NA JA, WENN'S HILFT!

Liebe Menschen & Menschinnen

Ein Mann

Er hat die Hosen an,
damit das Herz
hineinrutschen kann.

Entlarvung:

Der Gärtner
baute Bockmist.

Unterschied:

gleichmäßig - gleich mäßig.

Unterschied:

jemandem unter die Augen treten -
jemanden unter die Augen treten.

Die Erledigung von
Kleinigkeiten
stiehlt uns den Großteil
unserer **Zeit**.

Wer für alles Verständnis aufbringt, bringt sich um den Verstand.

Finanzgewaltiger:

Mammonster.

Leute wie Kaffee:
Wenn sie sich das Maul verbrühen, müssen sie sich vor Schreck setzen.

Das Verhalten gegenüber
Höhergestellten
lässt tief blicken.

Verhindert

Er haute auf den Pudding.
So konnte keiner beweisen,
dass sich Puddings
beim Essen erweisen.

Der Reichen Losung:

Das Erreichbare ist das
noch nicht **bar** Erreichte.

»Die sich im eigenen Licht sonnen,
vermögen nicht,
über ihren Schatten zu springen.«

IMBISS
ZEITSCHRIFTEN
ALLE GERICHTE AUCH ZUM MIT-NEHMEN
ALLE GERÜCHTE AUCH ZUM MIT-NEHMEN

Seine Meinung konnte nicht selber kommen.

Er vertrat sie.

Mit gleicher Münze heimzahlen, macht ärmer.

Ein Lehrer: Sein Gewissen meldete sich, aber er nahm es nicht dran.

Wer einen Schaden hat, kann der klug sein?

Lügen haben kurze Beine - aber schnelle Zungen.

Wenn genügend Heu da ist,

brennen auch Strohfeuer lange.

»Manche haben als Ziel ein Brett vor den Augen.«

Psychiater sind Psychopaten der Psychopathen.

Man kann sich die Freiheit nehmen wie das Leben.

Wer nicht mehr träumt, kann sich doch gleich einschläfern lassen.

Die nicht an **Herzdrücken** sterben, sterben oft an Herzinfarkt.

Kleinbürger besitzen **Mut** in extremen Größen: Kleinmut und Wankelmut.

Über einen schlechten Redner: Er spricht Bände.

Der große Unbekannte ist meist ein kleiner Bekannter von nebenan.

Jeder Gimpel kann es simpel.

Wer es immer zudrückt, riskiert sein Auge.

Ich nehme mir täglich das Leben - so wie es ist.

Es gibt so viele Leute, und so wenig Menschen.

Es gibt Leute, die haben das Herz in der Hose auf dem rechten Fleck.

Hündisch: Frauchen und Herrchen.

Überangebot

Hecht im Karpfenteich
stirbt an Herzverfettung.
Wenn auch nicht gleich.

Auch **Röntgen** hat das Gute
im Menschen nicht gesehen.

»Wenn jeder nur vor seiner
Tür kehrt, häuft sich
zwischen den Türen der Dreck.«

Wiedereingliederung:

den Sündenbock zum Gärtner machen.

»Manche gehen in sich
und finden sich nicht wieder.«

Schwarz und Weiß

Die schwarzen Schafe
erwerben beizeiten –
viel mehr als die weißen –
Lebensweisheiten.

Unterschied:

Der Mensch ist gut –
der Mensch isst gut.

WAS? DU BIST IN DER BREDOUILLE? OH WIE SCHÖN! ICH WAR NOCH NIE IN FRANKREICH.

Man lebt nur einmal.

Manche leben, als hätten sie
noch einen Versuch frei.

Charakter:

lieber den Arsch zukneifen, als jemanden hineinkriechen lassen.

Nach-Denken:

dem Vorredner nach dem Mund reden.

Wer finstere Gedanken ausbrütet,
der ist niederträchtig.

Falschheit

Sie drückten ihm die Daumen,
als wünschten sie Glück,
doch er behielt vom Drücken
zwei lahme Daumen zurück.

Engherzigkeit oder Weitherzigkeit?

Alles eine Frage harten Trainings.

Ein Klugscheißer. Er hat die Weisheit mit Schöpflöffeln gefressen.

»Wer nie den Mund aufmacht, dem fliegen die gebratenen Tauben dann vor die Gusche.«

Die Erde – ein Spielball

Unser Planet

Wer zählt die Völker,
kennt die Namen?
Für alle gibt's nur
einen Rahmen.

Das kleinere Übel ist immer ein großer Irrtum.

Der Begriff

Wegwerfgesellschaft

hat heute einen weltbedrohlichen Klang.

»Und sie bewegt uns doch!«

Wunschtraum:

dass die Rüstung
unter aller Kanone sei.

BEI IHNEN IST
DIE GLOBALISIERUNG
JA SCHON SEHR WEIT
FORTGESCHRITTEN.

Paradox? Kriegsende durch Friedensschluss.

Wie viel **Geld** fließt dorthin, und es heißt doch Armee.

Fatalist:
sich mit Zielscheiben bemalen.

Großer Unterschied:
gefallene Tochter – gefallener Sohn.

Halbherzige Entscheidungen treffen entschieden **das Ganze.**

Alternder Krieger:
bis auf die Zähne bewaffnet.

»Höherer Blödsinn: **Luftschlösser** auf Sand bauen.«

Zwei Kriege
Wir brachten es weit mit deutscher Gründlichkeit.

DAS MUSS ER SEIN, DER LEGENDÄRE NABEL DER WELT!

HÖRST DU DAS? ICH GLAUBE, DA IST EIN GEWITTER IM ANZUG.
EIN GEWITTER IM ANZUG? HAHA! SEHR KOMISCH!

Über die Zukunft der Natur wird nicht am grünen Tisch entschieden.

Gelichteter Wald wirft Schatten auf unsere Zukunft.

Ein klärendes Gespräch macht noch keinen sauberen Fluss.

Kahlschlag ist auch Horizonterweiterung.

In eine glänzende Zukunft tappt man geblendet hinein.

Er versetzt Berge.
Er hat ein Exportgeschäft.

Umweltsch(m)utz:
Braunk.o.hle

Erfahrung
Wo rohe Kräfte
sinnlos walten,
bleibt es beim Alten.

Verstreutes Zerstreutes

Logisch

Das Schaf macht „Mäh!",
machte es „Muh!",
wär es Beschmu.

Wer nicht einschlafen kann, hat **Schafstörungen**.

Ein Wissender: Er hat alle Eselsbrücken hinter sich abgebrochen.

»Hat man sich an etwas **überhört**, überhört man es leicht.«

Vernichtende **Selbstkritik** eines Kannibalen:
mit sich ins Gericht gehen.

Geh, denke mein!

NUN JA, DAS MIT DEM EINSCHIFFEN WAR ZWAR ETWAS ANDERS GEMEINT, ABER DENNOCH WILLKOMMEN AN BORD.

iiihhh!
Fußpilz!

Trinker beweisen
große **Affenliebe**.

Paradox:
wenn Atheisten Engel singen hören.

Glückliches Alter, das nicht mehr frieren kann,
weil es keine Zähne mehr zum Klappern hat.

Ein **Auto-Gramm-Jäger**
ist der Rost.

Lügenmärchen?
Märchen lügen immer.

Beim Zahnarzt:
Nun beginnt
das goldene Zeitalter.

BrechBar
Marmor, Stein und Eisen bricht,
aber die Pauline nicht.
Muss erst tüchtig mit uns zechen,
dann kann die Pauline brechen.

Weihnachten in Familie

Leise zieht durch mein Gemüt
liebliches Geläute.
Lieblich klingelt's an der Tür –
und dann kommt die Meute.

Konfektionär: Pralinenverkäufer.

Zeitschmarotzer: **Parasitzung.**

»Wer Phantasie hat, kann auch einem nackten Mann in die Tasche greifen.«

Mode ist, wenn man das Kleid von vorgestern wieder anziehen muss.

Kannibalisches: ein Lid auf den Lippen.

Unterschied: Pobacken – Po backen.

Paradox? Ein Beinamputierter, der sagt, er stehe auf eigenen Beinen.

Handwerk braucht auch Köpfchen.

Die stärkeren Nerven bewirken oft die stärkeren Magengeschwüre.

Paradox: einen Neger anschwärzen.

So manche Misswahl wird durch vorherigen Missbrauch entschieden.

Paradox:
Seinen Wissensstand erhöhen, indem man sein Wissen vertieft.

Die Weisheit mit Löffeln fressen?
Wie stillos.
Wir essen mit Messer und Gabel.

Ehrung
Rosen auf den Weg gestreut.
Wer barfuß läuft,
ist hocherfreut.

Erschreckter Schauspieler:
Ihm läuft ein ZuSchauer
über den Rücken.

Ich sitze in der Klemme, sagte das Haar.

»Jede Anschaffung ist ein Traum
weniger und ein Alptraum mehr.«

Schlagkräftige Jungs:
Dresch-Flegel und Prügel-Knabe.

Theater: Schein oder nicht
Schein, das hält sich die Waage.

Krankhafte Rasiersucht:
KosMähTick.

Portemonnaie
- Port Money
- Geldhafen.

Paradox: den Klomann einen feinen
Pinkel nennen.

DIE MEHRWERTSTEUER WIRD NUN DOCH NICHT ANGEHOBEN. STATT DESSEN SOLL EINE NICHTS-MEHR-WERT-STEUER AUF MENSCHEN AB 60 EINGEFÜHRT WERDEN.

»Auf Totschlag steht Gefängnis, knurrte die Zeit.«

Fleischer:
Wenn ich viele Tiere filetiere.

Paradox:
Jahrelang drückte er beide Augen zu.
Der Tod öffnete sie ihm.

Profiboxer und Opernsänger:
für Geld auf die Bretter gehen.

Der erste Statistiker:
das tapfere Schneiderlein.

Kosmonaut:
all-seitig gebildete Persönlichkeit

Da übt man jahrelang
mit Messer und Gabel, und dann muss man
den Löffel abgeben.

»Blühender Unsinn ist immer besser
als verwelkender Sinn.«

Reisen bildet - neue Zweifel.

An der Urne des U-Künstlers

Jetzt ist er Asche.
Friede seiner Masche.

Leben:

Leistungssport ohne Training.

Mutig, mutig!

Er zeigte uns seine dritten Zähne.

Tor!! Schizofrenetischer Jubel.

Gefährliche Erinnerung eines aus der Suchtklinik Entlassenen:

NostALKie.

»Der Tod kann sehr **poetisch** sein,
ereilt einen Freund Hein im Hain.«

Optimist: auf dem Totenbett an die Zukunft denken.

ASCHE
STAUB

Schicksalsironie:

ins Gras beißen müssen, das man über etwas wachsen ließ.

Unterschied

Der Atheist schätzt nicht Glauben, sondern Wissen. Doch am Ende wird auch er dran glauben müssen.

Ein guter Freund ist auch, wer zur rechten Zeit zu gehen weiß.

Im eigenen Saft schmoren. Wie makaber!

Auch nicht schön:

unters fünfte Rad am Wagen kommen.

»Nur über meine Leiche! – Wir haben Zeit.«

»Wenn der Stumme geht, geht auch se n Schweigen.«

Frühjahr 2023

RHINOVERLAG